Helga Thieroff

Dranbleiben!

Hochbegabte:

Individuum – Schule – Gesellschaft

Band 14

LIT

Helga Thieroff

Dranbleiben!

Ein Plädoyer für Privatinitiative
in der Begabtenförderung

Jubiläumsband

LIT

Umschlagbild:
Jan Niklas Germscheid, „Die verlorene Krone", Filzstift.
Erstellt im Alter von 7 Jahren im Kunstatelier des Kinder-College,
Leitung Marianne Steger
Fotos: Elisabeth Klöckner

Gedruckt auf alterungsbeständigem Werkdruckpapier entsprechend
ANSI Z3948   DIN ISO 9706

Bibliografische Information der Deutschen Nationalbibliothek
Die Deutsche Nationalbibliothek verzeichnet diese Publikation in der
Deutschen Nationalbibliografie; detaillierte bibliografische Daten sind
im Internet über https://dnb.dnb.de abrufbar.

ISBN 978-3-643-15615-0 (br.)
ISBN 978-3-643-35615-4 (PDF)

© LIT VERLAG Dr. W. Hopf Berlin 2024
Verlagskontakt:
Fresnostr. 2   D-48159 Münster
Tel. +49 (0) 2 51-62 03 20
E-Mail: lit@lit-verlag.de   https://www.lit-verlag.de
Auslieferung:
Deutschland: LIT Verlag, Fresnostr. 2, D-48159 Münster
Tel. +49 (0) 2 51-620 32 22, E-Mail: vertrieb@lit-verlag.de

In Gedenken an meinen hochbegabten Sohn Kai

Inhalt

Die verlorene Krone 9

Stationen eines erfüllten Berufslebens 11

Auf ein Wort 14

Hochbegabte verstehen –
der Schlüssel zu einer erfolgreichen Förderarbeit 15

Umgang mit hochbegabten Kindern –
ein theoretischer und praktischer Leitfaden 37

Hochbegabte Kleinkinder –
Faszination und Herausforderung 49

Kinderseiten 59

Danksagung und Schlusswort 75

Die verlorene Krone

Ein Vorwort von Eberhard Krumm M.A.

Die Krone ist seit über 3000 Jahren ein Symbol der Macht. Sie hebt ihre Trägerin aus der Menge der gewöhnlichen Menschen heraus. Auf deren Stufe sinkt die erlauchte Gestalt zurück, wenn ihr die Krone aberkannt wird. Im christlich-abendländischen Verständnis ist seit König Saul, der gemäß der Erzählung im Alten Testament der Bibel von Gott zu seinem Herrschaftsamt erwählt wurde, jede Krone von Gott gegeben. Die Abkürzung „D.G." auf britischen Münzen vor dem Namen der Königin oder des Königs steht für „Dei Gratia", durch Gottes Gnade. König Friedrich Wilhelm IV von Preußen (1795 – 1861) lehnte 1849 die ihm vom ersten frei gewählten deutschen Parlament angetragene Kaiserkrone mit der Begründung ab, es handele sich hierbei um eine Krone nicht von Gottes, sondern von des Volkes Gnaden. Es fiel diesem König leichter, auf die Kaiserkrone und die Herrschaft über Deutschland zu verzichten, als eine Krone zu tragen, die nach seinem Verständnis aus falschen Händen kam, von Politikern mit eigenen Machtinteressen.

Wie jede Macht wird auch die, welche durch eine Krone symbolisiert wird, von einer anderen Instanz vergeben oder verliehen. Die Philosophin Hannah Arendt (1906 – 1975) hat in ihrem Buch „Macht und Gewalt" den Begriff der Macht deutlich von den Wörtern Kraft, Stärke und Autorität unterschieden. Diese Eigenschaften entwickeln Menschen aus sich selbst: Kraft durch Mut und Übung, Stärke durch Ausdauer und Disziplin, Autorität durch Erkenntnis und Erfahrung. Der lateinische Begriff „auctoritas", von dem sich das Fremdwort Autorität herleitet, bedeutet in erster Linie „Urheberschaft, Echtheit, Glaubwürdigkeit", aber auch „Vorbild, Rat, Auftrag". Im Gegensatz zur Macht wird Autorität nicht durch Gewalt ausgeübt. Sie wirkt aufgrund der Willenskraft, Seelenstärke und Glaubwürdigkeit einer Person. Echte Autorität bedarf keines Amtes, keiner Macht und keiner Krone, um anerkannt und respektiert zu werden.

Von Macht und Gewalt ist auf dem Titelbild dieser Schrift nichts zu sehen. Stattdessen zeigt es einen bunten Garten mit Katze und Hund, einen Teich mit Goldfischen, im Hintergrund ein blaues Schloss mit vielen Türmen und Fenstern vor einer begrünten Hügellandschaft mit gelben Rapsfeldern. Den Mittelpunkt dieser facettenreichen Szenerie bildet die Königin im roten Gewand mit güldenem Haar. Sie trägt keinerlei Machtinsignien, sie hat ihre Krone verloren. Aber sie lächelt zufrieden und erfreut sich ihres Gartens und des blühenden Lebens, das sie umgibt. Die Königin ohne Krone strahlt natürliche Autorität aus, hoheitsvolle Gelassenheit und zugleich jugendliche Lebensfreude. Der Verlust der Krone, die sie nie besaß, schmerzt sie nicht, denn sie behält ihre Würde, versinkt nicht im alltäglichen Einheitsgrau. Diese Hüterin, nicht Herrscherin ihres Reichs, hat sich für das Leben in seiner Schönheit und Vielfalt entschieden. Sie bedarf keiner Machtverleihung von Gnaden anderer, um ihren Garten zu pflegen und für Wachstum und Gedeihen dieses farbenprächtigen Lebens zu sorgen. Den Leserinnen und Lesern dieser Zeilen bleibt nun selbst überlassen zu erraten, warum gerade dieses Bild diese Jubiläumsschrift ziert.

Stationen eines erfüllten Berufslebens

Helga Thieroff

Beruflicher Werdegang

Studium der Pädagogik Bayreuth
Studium der Psychologie und Sprachwissenschaften Berlin
Lehrkraft für besondere Aufgaben DaF TU Berlin
Kinderclub für hochbegabte Kinder Berlin
Kinderclub für hochbegabte Kinder Königswinter
Psychologische und pädagogische Fachpraxis
Gründung des Kinder-College e.V. im Jahr 2000, seitdem dessen Leitung

Publikationen

Linguistische Analyse von Filmnacherzählungen deutscher und türkischer Schüler, H. Thieroff, Deutsch lernen 4/ 1986
Wenn Kleine Großes fordern, H. Thieroff (Hrsg.) 1990
Sprache hat uns viel zu bieten, H. Thieroff, Arbeitsgemeinschaft mit hochbegabten Kindern CJD Königswinter 1995
Kinderclub, H. Thieroff (Hrsg.), im Auftrag der Deutschen Gesellschaft für das hochbegabte Kind RV Bonn 1999
5 Jahre Kinder-College, Kinder-College (Hrsg.) 2005
Hochbegabt, Kinder-College (Hrsg.) 2007
Außerschulische Begabtenförderung. Effektiv und sozial. Das Modell Kinder-College, Kinder-College (Hrsg.) 2009

Vom Schmerz der Hochbegabung. Mein Sohn, der anders war – erzählt und theoretisch betrachtet, H. Thieroff, Lit Verlag 2016

The pain of giftedness – My son who was different. Related an theoretically discussed, H. Thieroff, Lit Verlag 2019

20 Jahre Hochbegabtenförderung. Jubiläumsschrift für das Kinder-College e.V./Begabtenzentrum Rheinland-Pfalz, H. Thieroff, Lit Verlag 2020

Die Originalität der Hochbegabten. Ausgewählte Lebensentwürfe, H. Thieroff, Lit Verlag 2021

Vorträge und Ergebnisse der Fachtagung „Neurointensive Kinder und Jugendliche – Konzepte zum Verständnis und zum Bildungsgang Hoch- und Höchstbegabter", Kinder-College (Hrsg.) 2022

Dranbleiben! Ein Plädoyer für Privatinitiative in der Begabtenförderung. Jubiläumsband, H. Thieroff, Lit Verlag 2024

Auszeichnungen

Verdienter Bürger Berlin 1986

Verdienstkreuz am Bande der Bundesrepublik Deutschland 2011

Kinder-College – Ausgewählter Ort 2011

Telefonische Sprechzeiten:
Montag bis Freitag 9-11 und 18-19 Uhr
Praxistermine nach telefonischer Vereinbarung unter
0 26 45 / 97 02 61

Psychologische und pädagogische Fachpraxis
Helga Thieroff M.A.
Auf dem Hähnchen 18
53578 Windhagen
Tel.: 0 26 45 / 97 02 61
helga.thieroff@kinder-college.de
www.praxis-thieroff.de

Kinder-College e.V. Begabtenzentrum Rheinland/Pfalz
Leitung: Helga Thieroff M.A.
Julius-Wegeler-Schule
Finkenherd 4
56075 Koblenz
info@kinder-college.de
https://kinder-college.de

Auf ein Wort

Im Jahr des Mauerfalls begann ich in der geteilten Stadt Berlin meine bis heute währende selbstständige Tätigkeit als Psychologin und Pädagogin. Seit 35 Jahren bin ich gleichsam als moderne „Trümmerfrau" damit befasst, den Schutt der deutschen Bildungspolitik im Umgang mit hochbegabten Kindern und Jugendlichen beiseitezuschaffen, die Mauern des Unverständnisses gegenüber solchen jungen Menschen niederzureißen und solide neue Fundamente für ihre weitere geistige Entwicklung zu legen.

In all den Jahren meines Engagements für hochbegabte Kinder habe ich hilfesuchenden Familien mit Rat und Tat zur Seite gestanden und sie nach bestem Wissen und Gewissen begleitet und unterstützt. Über 55.000 Kinder, Jugendliche und junge Erwachsene habe ich in diesem Zeitraum diagnostiziert, betreut, gefördert, aufgebaut und auf allen Daseinsebenen gestützt.

Dabei war es mir immer ein Anliegen, fair, sachlich und ausschließlich zum Wohle meiner Schützlinge zu handeln. Stets trachtete ich danach, zwischen gerechtfertigter Kritik und persönlichem Angriff, verdienter Anerkennung und Lobhudelei, Akzeptanz und Laissez-faire, niveauvollem Lernen und Überforderung zu unterscheiden. Ebenso war es mir wichtig, zwischen gutem Benehmen und elitärem Verhalten sowie Lernansporn und Bespaßung zu differenzieren. Mit diesem Ansatz ist es mir gelungen, den jungen Menschen in meiner Obhut zu helfen, viele von ihnen gar aus tiefen Sinnkrisen zu befreien, und sie zu persönlichem Wohlbefinden und Erfolg in Schule und Beruf zu begleiten.

Auch wenn ich mich noch lange nicht zur Ruhe setzen will, gebe ich dieses Erfolgsrezept gerne schon heute an die Eltern von hochbegabten Kindern sowie an meine Kollegen und Nachfolger in der professionellen Begabtenförderung weiter.

Helga Thieroff

Hochbegabte verstehen – der Schlüssel zu einer erfolgreichen Förderarbeit

Hochbegabte junge Menschen denken, fühlen und verhalten sich anders als ihre Altersgenossen. Jeder von ihnen ist mit seinen Talenten und seiner Persönlichkeit einzigartig, und dennoch ist allen eines gemeinsam: Sie alle lassen sich nicht nach herkömmlichen Maßstäben beurteilen, und ebenso wenig greifen bei ihnen Standardmaßnahmen in der Erziehung und Beschulung.

Die Schule ist für viele Hoch- und Höchstbegabte eine echte Herausforderung, und es braucht neben dem Wissen um die entsprechenden Problemschwerpunkte auch Fingerspitzengefühl, um die bei Langeweile leicht in Frustration und Demotivation verfallenden Hochbegabten gut durch ihre Schulzeit zu bringen. Eine der wichtigsten Erkenntnisse meiner langjährigen Arbeit mit jungen Hochbegabten ist es, dass das deutsche Bildungssystem in seiner jetzigen Form den Bedürfnissen dieser jungen Menschen in keiner Weise gerecht wird und damit auch nicht in der Lage ist, das angeborene hohe Potenzial dieser Kinder zur Entfaltung zu bringen.

Die Bedürfnisse von Hochbegabten erkennen

Kinder mit hoher Begabung sind wissbegierig, lernen schnell, wollen Themen tiefgehend ergründen bzw. verstehen und sich Wissen in ihrem eigenen, schnellen Tempo und ihren Interessen entsprechend aneignen. Insbesondere die höchstbegabten unter ihnen verfügen über komplexe Denkstrukturen und ein hohes Maß an Kreativität bei der Lösung von Problemen. Diese Eigenschaften, die im gesamtgesellschaftlichen Kontext äußerst wertvoll sein können, sind in der Regelschule, die auf lineares Lernen setzt, in der Regel unerwünscht und für die Schulkarrieren der betroffenen Kinder ausgesprochen hinderlich. Hochbegabte und insbesondere auch höchstbegabte Kinder fühlen sich in der Schule eingeengt und empfinden diese in der Regel als hohe Belastung. Sie fühlen sich missverstanden, verlieren an Motivation und Arbeitswillen und wenden sich folglich von der Schule ab.

Um hochbegabten Kindern und Jugendlichen abseits von Kindergarten und Schule eine intellektuelle und emotionale Heimat zu bieten, gründete ich in den 1990er Jahren – zunächst im Rahmen der DGhK (Deutsche Gesellschaft für das hochbegabte Kind) – den Kinderclub in Berlin bzw. Königswinter und im Jahr 2000

Jens Bredler, „Stillleben", Aquarell mit Feder
Erstellt im Alter von 9 Jahren im Kunstatelier des Kinder-College, Leitung Marianne Steger

mit Mitstreitern das Kinder-College e.V. / Begabtenzentrum Rheinland-Pfalz. Die ersten Jahre meiner Tätigkeit in der Begabtenförderung waren von einer merkwürdigen Ambivalenz geprägt. Im Domizil des Kinder-Clubs in Königswinter etwa, der Christophorusschule (CJD), wurden uns zu Beginn weder Arbeitsutensilien wie Kleber und Schere noch eine feste Räumlichkeit für unsere Aktivitäten zur Verfügung gestellt. Nichts fiel mir in den Schoß. Ich war auf mich selbst gestellt, eine Einzelkämpferin mit nur wenigen gleichgesinnten Mitstreitern, die sich jeden kleinen Fortschritt selbst erarbeiten musste. Doch schon wenige Jahre später, nur zwei Jahre nach Gründung des Kinder-College, wendete sich das Blatt: Das Land Rheinland-Pfalz gewährte unserer jungen Einrichtung freundlicherweise eine Förderung, die uns bis heute noch zuteilwird. Als dann nach und nach immer mehr, zum Teil auch großzügige Spenden aus der Wirtschaft eingingen, erweiterte sich unser Spielraum erheblich. Die solide Finanzbasis, die wir nun hatten, in Zusammenspiel mit meiner schon bestehenden Schwerpunktpraxis für kindliche Hochbegabung und meiner einschlägigen praktischen Erfahrung leiteten die Blütezeit des Kinder-College ein.

Unsere Fördereinrichtung ist in den nachfolgenden Jahren erheblich gewachsen und hat durch wegweisende Projekte und Kooperationen ein internationales Renommee erlangt. Damit hat das Kinder-College maßgeblich dazu beigetragen, dass das Land Rheinland-Pfalz aktuell eine unangefochtene bundesweite Spitzenposition in der Betreuung und Förderung von hochbegabten jungen Menschen einnimmt. Heute, 24 Jahre nach Gründung unserer Einrichtung, können wir auf die stolze Zahl von rund 55.000 Beratungen und Förderungen zurückblicken. Für die zahlreichen Zuwendungen, die das Kinder-College im Laufe der Zeit erhalten hat, bin ich sehr dankbar. Unseren Förderern und Spendern bleibe ich verbunden, denn nur wir alle zusammen konnten das großartige Wachstum erreichen, das wir im kommenden Jahr mit den Festlichkeiten anlässlich des 25. Gründungsjubiläums des Kinder-College feiern wollen.

Aktuell betreut das Kinder-College pro Semester an die 1000 begabte Kinder und Jugendliche aus den Bundesländern Rheinland-Pfalz, Hessen und Nordrhein-Westfalen, die in etwa 100 Kursen unterschiedlichster Fachrichtungen – von Sprachen (einschließlich Japanisch und Chinesisch) über Kunst, Theater und Tanz bis hin zum eigentlichen Schwerpunkt, dem naturwissenschaftlich-technischen Bereich – unterrichtet werden. Seit der Gründung im Jahr 2000 hat sich die Zahl der im Kinder-College außerschulisch betreuten jungen Menschen und die Anzahl der angebotenen Kurse mehr als verdreifacht.

Der deutsche Entwicklungspsychologe William Stern erkannte schon vor 100 Jahren, dass hohe Begabung zwar zu besonderer Leistung befähigt und sogar deren unabdingbare Voraussetzung ist, jedoch nicht der Leistung selbst entspricht. Aus diesem Grund forderte Stern schon damals, dass für begabte Kinder erweiterte Ausbildungsmöglichkeiten mit spezieller Förderung geschaffen werden müssen.

In der Definition von Hochbegabung spielt der Intelligenzquotient (IQ) – ein von Stern eingeführter Begriff – eine zentrale Rolle. Es Kind gilt als hochbegabt, wenn es einen IQ $\geq$ 130 hat. Dies trifft auf etwa 2 Prozent der Kinder einer Altersstufe zu. Meine Erfahrung zeigt jedoch, dass der Anteil der Schulkinder, die aufgrund überdurchschnittlicher Begabung dringend außerschulische Förderung benötigen, deutlich höher liegt, bei etwa 10 Prozent. Dies ist den fließenden Übergängen bei Begabungen geschuldet, die sich nur bedingt in konkrete Zahlen fassen lassen. Um diesem Umstand Rechnung zu tragen, fördern wir im Kinder-College ab ei-

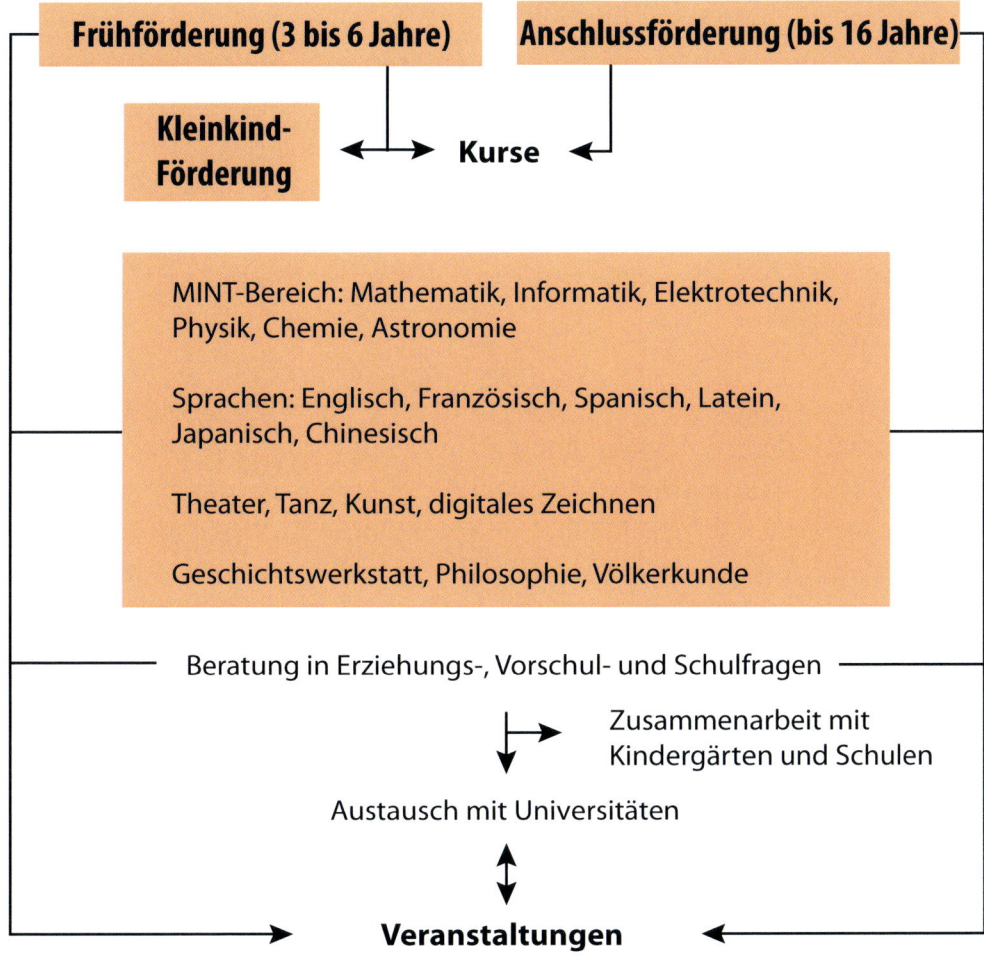

Das Modell Kinder-College

nem IQ von 120. Die Praxis lehrt, dass bereits ab diesem IQ außergewöhnliche Leistungen möglich sind.

Ein weiteres wichtiges Anliegen unserer Förderarbeit ist es, allen begabten Kindern unabhängig von der finanziellen Situation der

Eltern eine angemessene Unterstützung anzubieten. Zu diesem Zweck wenden wir aus den Landesfördermitteln jährlich 20.000 Euro für Stipendien und Rabatte auf. Auf diese Weise können wir auch Kindern aus sozial benachteiligten und Migrantenfamilien eine Teilhabe ermöglichen.

Das Kinder-College als Vorbild für die Hochbegabtenpädagogik

Unser Fördermodell, an dem sich mittlerweile pädagogische Hochschulen und Universitäten im In- und Ausland orientieren, umfasst ein Spektrum von einfachen, aber konsequent umgesetzten Grundsätzen und Maßnahmen. Im Kinder-College werden Kinder und Jugendliche ausschließlich ihren Interessen und Neigungen entsprechend gefördert, ganz ohne Druck und Zwang. Der Unterricht findet in kleinen Gruppen statt, die von kompetenten und erfahrenen, in der Regel gleichbefähigten Dozenten unterrichtet werden. Ein wichtiger Grundsatz unserer Arbeit ist es, den Kursteilnehmern mit Akzeptanz und Wertschätzung zu begegnen, denn eine unvoreingenommene Kommunikation auf Augenhöhe ist die beste Voraussetzung für die Vermittlung eines gesunden Selbstwertgefühls. Dieser Aspekt ist in der Begabtenförderung nicht minder wichtig als die intellektuelle Förderung, denn viele junge Hochbegabte leiden unter ihrem Anderssein und der Ablehnung, die sie oft in Lern- und Spielgruppen erleben, und bedürfen daher einer umfassenden sozial-emotionalen Unterstützung.

Viele junge Hochbegabte bringen ihre Verunsicherung bezüglich ihrer Zugehörigkeit zu Gemeinschaften von Gleichaltrigen durch massive Verhaltensauffälligkeiten zum Ausdruck. Was wir im Kinder-College jedoch beobachten, ist, dass selbst „schwierige" Kin-

Henri Kruppa, „Zeus", Alkohol-Marker auf Papier
Erstellt im Alter von 8 Jahren, spontane Zeichnung zur Veranschaulichung seines Vortrags in der Höchstbegabtenförderung

der, die in ihren Kindergärten oder Schulen durch massive Verhaltensstörungen auffallen, in unserem Unterricht in der Regel höflich, freundlich und interessiert sind. Da ein Umgang auf Augenhöhe mit hochbegabten Kindern und Jugendlichen so viel Positives bewirkt, möchte ich an Kindergärten, Schulen und Eltern dringend appellieren, ihren begabten Schützlingen Verständnis und Wertschätzung entgegenzubringen. Dieser Ansatz ist meines Erachtens die wichtigste Voraussetzung dafür, dass ein hochbegabter junger Mensch sich intellektuell, emotional und sozial ungestört entwickeln und Zugang zu seinem hohen Potenzial finden kann.

Das Kinder-College hat über die Jahre seine Kooperationen mit Universitäten und Hochschulen im deutschsprachigen und europäischen Raum ausgebaut und setzt mittlerweile auch in diesen

Institutionen wichtige Impulse. So beabsichtigt etwa die Pädagogische Hochschule St. Gallen in der Schweiz, ihre Begabtenförderung nach dem Vorbild des Kinder-College einzurichten. In regem Austausch steht das Kinder-College zudem mit der Fakultät für Erziehungswissenschaften an der Universität Helsinki in Finnland, und auch mit der Universität Tübingen bestand über viele Jahre eine kollegiale Zusammenarbeit. Das von mir als biografisches Sachbuch verfasste Schriftstück *„Vom Schmerz der Hochbegabung. Mein Sohn, der anders war. Erzählt und theoretisch betrachtet"* (LIT Verlag Dr. W. Hopf Berlin 2016) wird als Lehrbuch an der Charité Berlin verwendet und empfohlen.

Unsere Öffentlichkeitsarbeit auf Erfolgskurs

Ein wichtiger Meilenstein in der Öffentlichkeitsarbeit des Kinder-College war eine im Juli 2022 in Windhagen einberufene interdisziplinäre Fachtagung, bei der Experten für Hochbegabung und Begabungsförderung aus drei Bundesländern über Maßnahmen zur Verbesserung der Bildungsbedingungen für junge Menschen mit hoher und höchster Begabung debattierten. Im Konsens wurde ein Forderungskatalog erstellt, der im festlichen Rahmen auf dem Petersberg in Bonn vor geladenen Gästen aus Politik, Gesellschaft und Medien vorgestellt wurde. Um die Umsetzung dieses Katalogs in politisches und administratives Handeln voranzutreiben, ist das Kinder-College in den Dialog mit der Landespolitik getreten. Vor-Ort-Besuche hochrangiger Landes- bzw. Bildungspolitiker im Kinder-College nähren die Hoffnung darauf, dass einige der geforderten Verbesserungsmaßnahmen schon bald in den Schulalltag Einzug finden werden. Erste Erfolge zeigen sich u.a. darin, dass sich auf der Basis meiner Gutachten für höchstbegabte Kinder mit anhaltender Schulablehnung immer mehr Bildungseinrichtungen

Ole Kruppa (4 Jahre), „Leopard", Aquarell
Spontane Zeichnung zur Veranschaulichung seines Vortrags in der Höchstbegabtenförderung

auf die Erprobung alternativer Bildungswege – z.B. Schulzeitverkürzung durch mehrfaches Springen einschließlich des Überspringens eigentlich als obligatorisch geltender Jahrgangsstufen oder Online-Unterricht – einlassen.

Ein Aspekt, auf den ich in meiner Öffentlichkeitsarbeit immer wieder hinweise, ist die bei Hoch- und insbesondere auch Höchstbegabten häufig zu findende hohe Sensitivität (Empfindsamkeit) und Sensibilität (Empfindlichkeit), die maßgeblich dazu beitragen, dass sich Betroffene in Lern- und Spielgemeinschaften nur schwer integrieren können. In Situationen, die mit einer Reizüberflutung einhergehen – dazu gehört bereits der normale Schulalltag – reagieren hochempfindsame Kinder mit Rückzug, Motivationsproblemen bis hin zur Schulverweigerung und psychosomatischen Symptomen (z.B. Bauchschmerzen, Erbrechen), die in der Summe zu schwerwiegenden und nachhaltigen Entwicklungsstörungen führen können. Eine Gewöhnung an die abgelehnte Situation ist dabei nicht zu erwarten. Ich appelliere an Eltern, Erzieher und Pädagogen daher, die Problematik der hohen Empfindlichkeit und Empfindsamkeit nicht zu bagatellisieren oder als „Mimosenhaftigkeit" fehlzuinterpretieren. Der einzig richtige Umgang mit hochsensiblen und hochsensitiven Kindern, die unter dem „wuseligen" Gruppenleben leiden, besteht darin, deren Anwesenheit in der Schule zu reduzieren. Auch unter diesem Aspekt freuen wir uns sehr, dass die Schulen nun in zunehmendem Maße bereit sind, in Härtefällen bei entsprechender Begründung die Schulanwesenheitspflicht teilweise oder vorübergehend auszusetzen.

Aufklärung tut not

Beispiel eines Schulbriefs mit der Bitte um Entlastungsmaßnahmen für ein höchstbegabtes Kind mit hoher Sensibilität und Sensitivität

Empfänger:
Schulleitung und Klassenlehrer des betroffenen Kindes

Paula (fiktiver Name) wurde in meiner Praxis vorgestellt mit der Frage, ob es sich bei ihr um ein besonders begabtes Kind handle.

Zur Klärung dieser Frage führte ich mit ihr den Intelligenztest CFT 20-R durch. Ferner testete ich den Wortschatz. Das Mädchen zeigte sich in der Untersuchungssituation kontaktfähig, interessiert und mitarbeitsbereit. Sie konzentrierte sich sehr gut.

Paula erreichte im CFT 20-R, der die Bereiche Reihenfortsetzen, Klassifikation, Matrizen und topologische Schlussfolgerungen beinhaltet, einen IQ von 142 (Altersnorm). Sie zeigte die Fähigkeit, formallogisches, beziehungsstiftendes Denken anhand figuraler Problemstellungen als Produkt eines Denkprozesses auf extrem hohem Niveau zu bewältigen. Des Weiteren verfügt sie über einen außergewöhnlich reichen Wortschatz. Paulas Leistungen weisen auf eine intellektuelle Höchstbegabung hin. Nur wenige Jugendliche ihrer Altersgruppe sind in der Lage, in der Testsituation eine vergleichbare oder bessere Leistung zu erbringen.

In Kenntnis der besonderen Eigenschaften von hoch- und insbesondere auch höchstbegabten Kindern und Jugendlichen möchte ich mit Nachdruck darauf hinweisen, dass das deutsche Bildungssystem in seiner jetzigen Form den Bedürfnissen dieser jungen Menschen nicht gerecht wird und damit auch nicht in der Lage ist, das angeborene hohe Potenzial dieser Kinder zur Entfaltung zu bringen. Kinder mit hoher Begabung sind wissbegierig, lernen schnell, wollen Themen tiefgehend ergründen bzw. verstehen und sich Wissen in ihrem eigenen, schnellen Tempo und ihren Interessen entsprechend aneignen. Insbesondere die höchstbegabten unter ihnen verfügen über komplexe Denkstrukturen und ein hohes Maß an Kreativität bei der Lösung von Problemen. Diese Eigenschaften, die im gesamtgesellschaftlichen Kontext äußerst wertvoll sein können, sind in der Regelschule, die auf lineares Lernen setzt, in der Regel unerwünscht und für die Schulkarrieren der betroffenen Kinder ausgesprochen hinderlich. Höchstbegabte Kinder fühlen sich in der Schule eingeengt und empfinden diese in der Regel als hohe Belastung. Sie fühlen sich missverstanden, verlieren an Motivation und Arbeitswillen und wenden sich von der Schule ab.

Die Begabungsforschung wie auch die praktische Erfahrung zeigen, dass hohe bzw. höchste Begabung sehr oft mit einer hohen Sensitivität (Empfindsamkeit) und hohen Sensibilität (Empfindlichkeit) einhergeht. Paula gehört zu dieser Gruppe von jungen

Menschen mit allerhöchster intellektueller Begabung und hoher Sensitivität bzw. Sensibilität. Diese jungen Menschen sind oft sehr perfektionistisch in ihrer Arbeitshaltung und der Ausführung ihrer Arbeiten und setzen sich damit selbst stark unter Druck. Ihre hohe Sensitivität und Sensibilität steht in der Regel auch einer erfolgreichen Integration in Lern- und Spielgemeinschaften entgegen. In Situationen, die mit einer Reizüberflutung einhergehen – dazu gehört bereits der normale Schulalltag – reagieren hochempfindsame Kinder mit Rückzug, Motivationsproblemen bis hin zur Schulverweigerung und psychosomatischen Symptomen (z.B. Bauchschmerzen, Erbrechen), die in der Summe zu schwerwiegenden und nachhaltigen Entwicklungsstörungen führen können. So fühlt sich auch Paula an den Schultagen sehr erschöpft, wobei dies nach eigener Aussage in erheblichem Ausmaß dem vorherrschenden Lärm zuzuschreiben ist. Unter diesem Aspekt ist das aktuelle Vorgehen der Schule, Paula nach der fünften Stunde vom Unterricht zu befreien, begrüßenswert und sehr hilfreich. Es sollte auch in Zukunft beibehalten werden.

Ein weiteres, erhebliches Problem Paulas ist ihr vermindertes Selbstwertgefühl, das sich im Laufe der Schuljahre durch Anpassungsprozesse weiter verschlechtert hat. Das Phänomen des verminderten Selbstwertgefühls findet sich bei hoch- und insbesondere auch höchstbegabten Kindern häufig. Der Grund dafür ist, dass sich diese jungen Menschen ihres intellektuellen und sozial-emotionalen Andersseins bewusst sind und daher ihren Platz in Gemeinschaften wie z.B. Kindergartengruppen und Schulklassen hinterfragen. Erschwerend kommt hinzu, dass sie in Lern- und Spielgemeinschaften aufgrund ebendieses Andersseins oft auf Unverständnis oder gar Ablehnung durch Gleichaltrige und das Lehrpersonal stoßen. Einige Kinder versuchen, sich zu „verbiegen" und anzupassen, andere fangen an zu rebellieren, jedoch ist allen gemeinsam, dass sie einen schweren Einbruch des Selbstwertgefühls erleiden.

Paula klagt darüber, dass nicht alle Lehrer Verständnis für ihre Sonderbehandlung, die in einer Verkürzung der Schulpräsenzpflicht besteht, aufbringen. Dieser Sachverhalt betrübt sie sehr und ihr Wunsch ist es, von allen Lehrern in ihrer Eigenart akzeptiert zu werden. Aus den Erfahrungen meiner langjährigen Arbeit mit hochbegabten Kindern heraus kann ich nur betonen, dass völlige Akzeptanz, respektvoller Umgang und eine Behandlung auf Augenhöhe in Verbindung mit einer angemessenen intellektuellen Förderung die wichtigsten Schlüsselelemente sind, um hoch- und höchstbegabte Kinder psychisch stabil durch ihre Schulzeit zu bringen. Insbesondere gilt es, Unsicherheiten in Bezug auf ihren Selbstwert und ihre Fähigkeiten zu minimieren, denn diese verhindern die volle Entfaltung ihres erheblichen Potenzials.

In diesem Zusammenhang sei noch einmal darauf hingewiesen, dass hoch- oder gar höchstbegabte Kinder keineswegs die schulischen Überflieger sind, für die man sie für gemeinhin hält. Ganz im Gegenteil, gerade höchstbegabte junge Menschen verzweifeln oft am System Schule und werden nicht selten zu Schulverweigerern. Nicht wenige brechen die Schule komplett ab oder erzielen Abschlüsse, die weit unter ihrem Potenzial liegen. Bei Paula zeigt sich diese Problematik darin, dass sie nicht in der Lage ist, im gewünschten Tempo zu arbeiten. Sie denkt bei Arbeiten oft neu und anders und kommt damit nicht zur erwarteten Leistung. Auch dieses Phänomen ist bei höchstbegabten Kindern wohlbekannt und liegt in den abweichenden hirnphysiologischen Prozessen bei der Wissensaufnahme, -verarbeitung und -vernetzung begründet. Höchstbegabte junge Menschen betrachten Probleme bzw. Aufgabestellungen und deren Lösungen unter allen möglichen Aspekten und Vernetzungen und sind damit oft nicht in der Lage, die in Schulen erwartete (lineare) Denkleistung zu erbringen. Wir Begabungspsychologen versuchen nun, diese Problematik vermehrt ins Bewusstsein von Schulleitern, Lehrern und Lehrerausbildern zu bringen, um angemessene Lösungen im Sinne unserer Schützlinge zu erwirken. Dazu zählen z.B. vermehrt mündliche Wissensabfragen, die ein lenkendes Eingreifen des Prüfers ermöglichen.

Abschließend möchte ich auf Paulas außerordentliche Fähigkeiten verweisen, die eine vollumfängliche Förderung des Mädchens sinnvoll und lohnend erscheinen lassen. Paula hat eine ungewöhnlich große Bandbreite an Interessen, sie liebt Musik und Tiere, ist künstlerisch begabt, hat einen ausgeprägten Sinn für Ästhetik und ist sehr kreativ. Sie ist zugänglich für Spiritualität und verfügt über eine außergewöhnliche Wahrnehmung von Ordnungsprinzipien. Auf den genannten Interessensgebieten und in vielen weiteren Bereichen verfügt sie über ein sehr hohes Wissen.

Paula besucht aktuell mit großer Freude und außergewöhnlichem Erfolg Kunstkurse am Kinder-College Koblenz. Dort steht sie unter meiner besonderen Obhut. Demnächst wird sie als Juniordozentin einen eigenen Kurs für jüngere Hochbegabte anbieten. Es freut mich sehr, dass sie dieser anspruchsvollen Aufgabe, die den Entwurf, die Vorbereitung und die Durchführung der Kurse in eigener Verantwortung beinhaltet, zugestimmt hat. Wir erhoffen uns davon einen deutlichen Aufwärtsschub für ihr eingeschränktes Selbstwertgefühl.

Damit meine Bemühungen um Paula mit den Möglichkeiten des Kinder-College schneller greifen, möchte ich auch die Schule um Unterstützung bitten. Es ist nun unser aller Aufgabe – von Elternhaus, Schule und Kinder-College –, einen außerordentlich begabten jungen Menschen wie Paula in der Entwicklung seines Selbstwertgefühls und seiner Persönlichkeit zu fördern. Die Möglichkeiten der Schule sehe ich insbesondere darin, dass durch eine entsprechende Sensibilisierung des Lehrpersonals ein Umfeld der Akzeptanz und des respektvollen Umgangs mit dem Mädchen geschaffen wird. Paula sollte nicht das Gefühl haben, dass sie aufgrund ihrer besonderen Bedürfnisse, z.B. nach mehr Ruhe oder einer längeren Bearbeitungszeit für Aufgaben, abgelehnt oder für unfähig gehalten wird. Zudem könnten ihr zur Stärkung ihres Selbstwertgefühls gezielt verantwortungsvolle Aufgaben übertragen werden, die jedoch im Einklang mit ihrem Wesen und ihren Interessen stehen sollten.

Ich freue mich, wenn Sie als Rektor bzw. Paulas Klassenlehrer mein Anliegen unterstützen und sich bei Ihren Kolleginnen und Kollegin für einen positiven, akzeptierenden und fördernden Umgang mit Paula einsetzen.

Für Rückfragen stehe ich Ihnen gerne zur Verfügung.

Innovatives Projekt startet in 2025

Das Kinder-College ist aktuell im Begriff, neben seiner herkömmlichen Förder- und Beratungstätigkeit einen neuen, zukunftsweisenden Weg in der Begabtenförderung einzuschlagen. Qualifizierte Mitarbeiter unserer Einrichtung haben in Zusammenarbeit mit kompetenten Partnern aus Hochschulen und der Wirtschaft den innovativen Lehrgang *„Werteorientiertes Management – Zukunft verantwortungsvoll gestalten"* entwickelt, der 2025 an den Start gehen soll.

Hintergrund für dieses Projekt ist der Umstand, dass einerseits Unternehmen in Deutschland händeringend nach gut ausgebildeten Führungskräften suchen, andererseits jedoch der Nachwuchs in den Schulen auf die Anforderungen der Wirtschaft in keiner Weise vorbereitet wird. Die Idee für einen Lehrgang, der Hochbegabten einen Einblick in die persönlichen und fachlichen Anforderungen an Führungskräfte in der Wirtschaft vermitteln soll, entsprang einem Gespräch mit einem Unternehmer, der über die Nachteile einer zu starken fachlichen Spezialisierung bei Führungskräften klagte und mich in diesem Zusammenhang fragte, ob Hochbegabte denn eine andere, generalistische Denkweise hätten, die einen guten Überblick über komplexe Zusammenhänge ermöglicht.

In der Tat zeichnet Hochbegabte genau diese Eigenschaft aus, und auch darüber hinaus gibt es viele Gründe, aus denen sich Menschen mit hoher Begabung ausgezeichnet für Führungspositionen in der Wirtschaft eignen. Dazu zählen neben der ganzheitlichen Denkweise ihre rasche Auffassungsgabe sowie ihr Sinn für logische Stringenz und multidimensionale Verknüpfungen. Darüber hinaus sind Hochbegabte wissbegierig und neugierig. Aus diesem Grund nehmen sie gerne Angebote komplexer Aufgabenstellungen wahr und arbeiten sich schon in jungem Alter mit Engagement, Tiefgang und Beharrlichkeit in Themen ihres Interesses ein – oft mit beeindruckenden Ergebnissen. In ihrer Denkweise, Problemlösungsfähigkeit und Weitsicht agieren sie schon frühzeitig wie Selbstständige oder Unternehmer, die Ziele formulieren, Innovationen vorantreiben, ihren Weg zum Ziel mit hoher Fachkompetenz, Durchhaltevermögen und Voraussicht beschreiten, harte Arbeit in Eigenverantwortung nicht scheuen und dabei das Große und Ganze nicht aus den Augen verlieren.

Diese Synergien wollen wir unserem Lehrgang zugrunde legen und gezielt ausbauen. Wichtig erscheint es uns, die hohe mentale Flexibilität und geistige Kapazität der jungen Jahre zu nutzen und die entsprechenden Eigenschaften und Fähigkeiten schon frühzeitig zu fördern.

Begabtenförderung und Wirtschaftsunternehmen Hand in Hand

Mit dem neuen Lehrgang „Management", der sich an interessierte junge Hochbegabte im Alter von zehn bis sechzehn Jahren aus der Region richtet, legen wir den Grundstein für ein innovatives, wirtschaftsorientiertes und praxisnahes Bildungsprogramm, das Begabtenförderung und Wirtschaft zum gegenseitigen Wohl miteinander verzahnt. Ziel des Bildungsprojektes ist es, begabte Kinder mit entsprechendem Interesse in die Grundlagen eines erfolgreichen und zugleich nachhaltigen, wirtschaftswissenschaftlich und ethisch orientierten unternehmerischen Handelns einzuführen. Unterstützende Unternehmen könnten durch das Anbieten von Werksbesichtigungen, Praktika und sonstigen praktischen Erfahrungen für die Teilnehmer eingebunden werden.

Das Projekt ist einmalig in Deutschland und wurde nach Präsentation seiner Eckpfeiler von Unternehmen, Sozialverbänden und Universitäten/Hochschulen mit höchster Anerkennung bedacht. In Zusammenarbeit mit akademischen Lehrkräften für Volkswirtschaftslehre verschiedener Hochschulen und Unternehmerinnen und Unternehmern aus der Region haben wir ein Curriculum erstellt und es wurden Dozenten mit exzellentem Fachwissen angeworben. In unserer Schülerschaft stieß die Ankündigung des Lehrgangs auf großes Interesse. Anvisierter Beginn des Lehrgangs ist im Frühjahr 2025. Die Leitung wird von einer Kinder-College-Dozentin mit langjähriger unternehmerischer Erfahrung übernommen. Eine Zertifizierung des Lehrgangs durch ausgewählte Hochschulen, die den Teilnehmern Vorteile bei der Belegung entsprechender Studiengänge erbringen soll, ist im Gespräch.

Um für finanzielle und ideelle Unterstützung aus der heimischen Wirtschaft für unser Projekt zu werben, lud das Kinder-College am 9. März 2024 zum „Wirtschaftsgipfel" ein. Etwa fünfzig Unternehmerinnen und Unternehmer aus dem nördlichen Rheinland-Pfalz folgten der Einladung des Kinder-College nach Koblenz. In Vorträgen wurde der Studiengang vorgestellt, zudem wurde auf die besondere Eignung von hochbegabten Kindern und Jugendlichen für Führungspositionen in der Wirtschaft sowie den gesellschaftlichen Nutzen und die Förderwürdigkeit des Lehrgangs verwiesen.

Abgerundet wurde die Veranstaltung durch persönliche Bemerkungen des Geschäftsführers der Unicut Wahl GmbH in Bendorf, Jürgen Wahl, der als verkannter hochbegabter Jugendlicher einen beachtlichen beruflichen Werdegang zurücklegte und nun in seinem auf Schmierstoffe für Luft- und Raumfahrttechnologie spezialisierten Unternehmen bevorzugt Hochbegabte beschäftigt – und zwar unabhängig vom Alter und vorherigen Zeugnissen und Abschlüssen. Diese Entscheidung entspringe seiner Erfahrung, dass Hochbegabte schneller und kreativer dächten, zuverlässig seien und effektiv arbeiteten. Er hob die Bedeutung einer frühen Förderung dieser Fähigkeiten hervor.

Der „Wirtschaftsgipfel" des Kinder-College stieß auf eine große Resonanz, die sich u.a. in einer umfangreichen Presseberichterstattung niederschlug. Aufgrund des lebhaften Interesses an unserem Projekt haben wir beschlossen, im November 2024 einen 2. Wirtschaftsgipfel folgen zu lassen, auf dem wir herausarbeiten wollen, welche Eigenschaften Hochbegabte schon in jungen Jahren für eine selbstständige bzw. unternehmerische Tätigkeit prädestinieren und wie diese Fähigkeiten frühzeitig und zielgerichtet gefördert werden können. Ein weiterer Schwerpunkt wird die Projektvorstellung einschließlich dem Aspekt der Projektfinanzierung sein.

Stärkung außerschulischer Fördereinrichtungen – eine lohnende Investition

Das Kinder-College verweist in seiner Öffentlichkeitsarbeit immer wieder darauf, dass die verstärkte Unterstützung außerschulischer Einrichtungen der Begabtenförderung durch die öffentliche Hand eine durchaus lohnende Investition ist. Diese Einrichtungen sind ein effektives und zugleich auch kostengünstiges Modell, um Hoch- und Höchstbegabte intellektuell, emotional und sozial zu kanalisieren. Das Kinder-College etwa hat eigenen Berechnungen zufolge im Zeitraum von 20 Jahren 50.000 Personen – Kinder plus Eltern – betreut, bei einem staatlichen Zuschuss in Höhe von nur ca. 20 € pro Person. Eine vergleichbare Kosten-Leistungsbilanz können staatliche Institutionen und Beratungsstellen nicht erbringen. Für die Effektivität unseres Fördermodells sprechen die zahlreichen erfolgreichen, teilweise auch herausragenden Bildungs- und Berufskarrieren, die ihren Lauf am Kinder-College genommen haben.

Begabtenförderung legt Grundstein für exzellente Studienergebnisse

Viele Kinder und Jugendliche, die im Kinder-College ihre Talente weiterentwickeln konnten, überzeugten in späteren Lebensphasen durch hervorragende Leistungen. Exemplarisch für die zahlreichen überzeugenden Biografien, die im Kinder-College ihren Anfang nahmen, möchte ich an dieser Stelle eine außergewöhnlich talentierte ehemalige Teilnehmerin unserer Kunstkurse vorstellen, die nun als junge Erwachsene ihre künstlerische Begabung mit großem Erfolg in ein anspruchsvolles Studium einbringt.

Lisa Blank, aktuell 24 Jahre alt, belegte in ihrer Schulzeit 11 Jahre lang Kurse im Kunstatelier des Kinder-College. Heute studiert sie sehr erfolgreich Computervisualistik. Die Kunstkurse, die sie im Rahmen ihres Studiums belegte, schloss sie mit Bestnote und außergewöhnlicher Beurteilung ab.

Lisa Blank, „Am Meer", Pastelltechnik
Erstellt im Alter von 14 Jahren

Lisa Blank, „Leuchtturm", Pastelltechnik
Erstellt im Alter von 14 Jahren

oben:
Lisa Blank, „Landschaft",
Pastelltechnik
Erstellt im Alter von
12 Jahren

Lisa Blank , „Pferd",
Kohle/Bleistift
Erstellt im Alter von
16 Jahren

Die Bilder auf diesen Seiten erstellte Lisa Blank im Kunstatelier des Kinder-College unter der Leitung unserer herausragenden langjährigen Dozentin Marianne Steger. Frau Steger, die bereits vor Jahren als aktive Dozentin ausgeschieden ist, steht den Leitern unserer Kunstkurse weiterhin beratend zur Verfügung.

Die Kurse des Kunstateliers sind keine Malkurse für Kinder und Jugendliche im herkömmlichen Sinne, sondern sie verstehen sich vielmehr als eine Fördermaßnahme für künstlerisch talentierte Kinder, die gerne zu ihrem Können dazulernen wollen. Neben dem Vermitteln von Fertigkeiten und Fähigkeiten, die in der Schule nicht erlernt werden, steht dabei auch die Förderung der Eigenständigkeit im Fokus. Unsere Kunstkurse für Jugendliche dienen auch der Qualifizierung bei entsprechenden Studienabsichten. Viele unserer Teilnehmer fanden sofortige Aufnahme in ihre Wunschuniversitäten im In- und Ausland, so etwa auch in Kunstakademien in Florida und New York.

Umgang mit hochbegabten Kindern – ein theoretischer und praktischer Leitfaden

Hochbegabte Kinder benötigen eine adäquate Förderung, um ihre Begabungen optimal entwickeln zu können. Sie brauchen in besonderem Maße eine Umwelt, in der sie akzeptiert werden, damit sie Selbstwertgefühl und Vertrauen in die eigenen Fähigkeiten aufbauen können. Sie sind auf eine zielgerichtete und umfassende Unterstützung angewiesen, weil sie sich in ihrem Denken, ihrer Kreativität und ihrer Sensibilität außerhalb der Norm bewegen. Ihnen diese Unterstützung zu gewähren, war mir stets ein wichtiges Anliegen.

Prof. Dr. Franz J. Mönks, Entwicklungspsychologe an der Universität Nijmegen und Vater der Begabungsforschung in Europa, beschrieb in seinem Mehr-Faktoren-Modell, dass Umwelt, Eltern, Schule und Peers eine große Rolle bei der Entwicklung von Begabungen und der Persönlichkeit des Kindes spielen. Damit erweiterte er das Drei-Ringe-Modell des US-amerikanischen Psychologen Joseph S. Renzulli, der überdurchschnittliche (intellektuelle) Fähigkeiten, Motivation und Kreativität als Triebkräfte der Entwicklung von Begabungen identifizierte, um die drei Sozialbereiche Familie, Schule und Freundeskreis. Erst bei einem guten Zusammenspiel dieser sechs Faktoren soll sich Hochbegabung entwickeln und in besonderen Leistungen und Handlungen zum Ausdruck kommen können. Eine wesentliche Voraussetzung hierfür sei die Fähigkeit zum sozialen Umgang, die soziale Kompetenz.

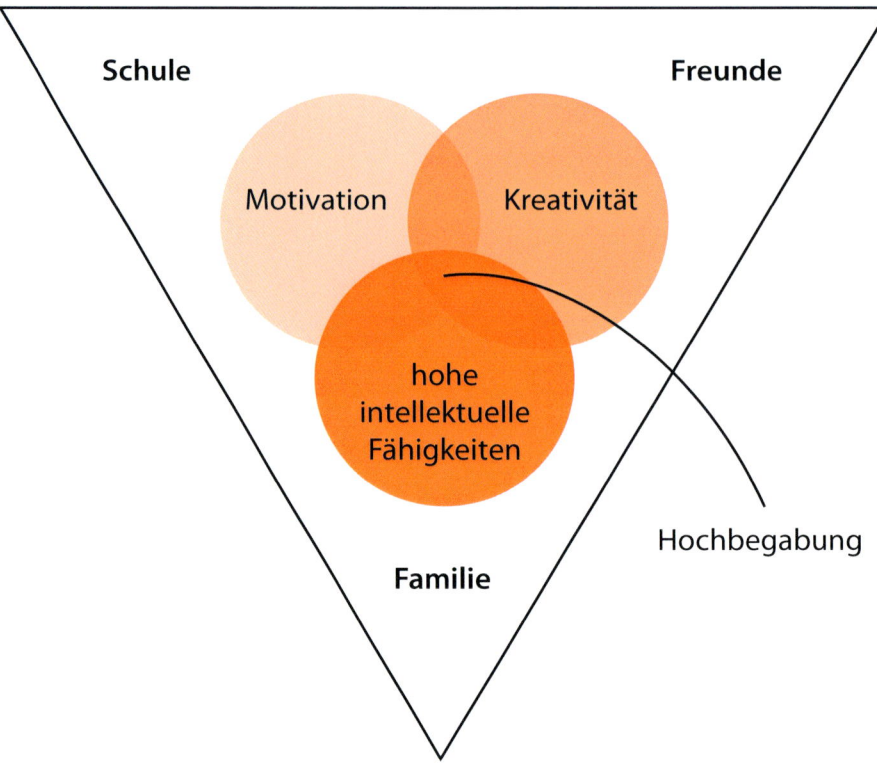

Quelle: F.J. Mönks, I.H. Yperburg: Unser Kind ist hochbegabt. Ein Leitfaden für Eltern und Lehrer. München: Reinhardt, 1993

Ergänzend zu diesem Modell habe ich mich in meiner Berufslaufbahn mit der Thematik des angemessenen Umgangs mit begabten Kindern beschäftigt. Dieser ist entscheidend dafür, dass sich begabte Kinder in Elternhaus, Kindergarten und Schule und schließlich auch generell in unserer Gesellschaft akzeptiert fühlen und somit auch bereit sind, einen konstruktiven Beitrag für die Belange der Gesellschaft zu leisten. Akzeptanz ist hierbei das Schlüsselelement, denn nur wenn sie sich angenommen fühlen, bauen begabte junge Menschen Selbstwertgefühl und Vertrauen in ihre Fähigkeiten auf.

Hochbegabte mit echtem Interesse begleiten

Hochbegabte Kinder sind „anders". Sie unterscheiden sich in allgemeiner Reizbarkeit und Responsivität von ihren Altersgenossen und haben andere Interessen. Mein Rat an betroffene Eltern, Erzieher und Lehrer: Interessieren Sie sich dafür, was diese Kinder tun! Wenn das, was man tut, dauerhaft niemanden interessiert, geht irgendwann die stärkste Motivation verloren. Machen Sie sich frei von der Vorstellung, Kinder müssten geschont und in Watte gepackt werden. Gerade begabte Kinder wollen gefordert werden, jedoch – und das ist wichtig – ohne Leistungsdruck und vorgegebenes Korsett. Auch die hohe Sensibilität dieser Kinder gilt es zu berücksichtigen. Fördern Sie die Interessen der Kinder und bedenken Sie dabei eines: Die Interessen der Kinder sind nicht immer Ihre Interessen.

Meine Beobachtungen und Erfahrungen stehen der verbreiteten Meinung entgegen, dass gerade hochbegabte Kinder soziales Verhalten erlernen müssten. Schon im Kleinkindalter geht es den Kindern nicht darum, besser zu sein oder mehr zu wissen als andere. Vielmehr ist ihnen daran gelegen, ihre Gedanken zu formulieren, Antworten zu finden sowie Regeln zu erkennen und diese kundzutun – und sie reagieren hochsensibel auf Aggression.

Nur wenn das hochbegabte Kind in seinen individuellen Gegebenheiten bejaht und gefördert wird, entwickelt es Selbstvertrauen und soziale Kompetenz. Natürlich muss das begabte Kind auch die Bedürfnisse und Interessen der anderen Kinder kennenlernen. Meist aber wird die Anpassung so rigoros gefordert, dass das hochbegabte Kind keine Möglichkeit mehr sieht, seine Gedanken und Gefühle in die Gruppe einzubringen, was zu massiven Beeinträchtigungen des Selbstwertgefühls führen kann. Hier sollte man anstelle der Erzieherbrille künftig die „Begabtenbrille" aufsetzen.

Die Motive hochbegabter Kinder, etwas zu tun, sind oft völlig andere als von der Umwelt eingeschätzt. Ein Beispiel soll dies erläutern: Ende der 60er Jahre las eine junge Schülerin aus eigenem Antrieb Bücher über den chinesischen Philosophen Konfuzius und abonnierte die Peking-Rundschau aus China. Dies führte in dem Hundert-Seelen-Dorf, in dem sie wohnte, zu wilden Gerüchten über ihre politischen Irrwege. Der Vater fragte sie, warum sie diese Zeitung lese. Darauf antwortete sie: „Ich wollte die Frage beantworten, wie sich der Mensch in diesem System fühlt." Die Schülerin ist übrigens heute eine anerkannte Psychologin. Wir sollten aus diesem Beispiel lernen: Bevor man Mutmaßungen anstellt, solle man die Kinder nach den Motiven für ihre Taten fragen!

Baylee Brehm (9 Jahre), „Der freundliche Bär", Aquarell im Sketchbook
Erstellt im Sketchbook-Kurs des Kinder-College, Leitung Verena Haupt-Just

Ein förderliches Umfeld schaffen

Kreativität ist eine weitverbreitete Eigenschaft hochbegabter Kinder. Sie kann sich jedoch nur entwickeln, wenn das Umfeld sie fördert. Oft verhindert ein zu starres Erziehungsschema wertvolle kreative Handlungen. Mein Rat: Lassen Sie ungewöhnliche Ideen des Kindes zu und akzeptieren Sie diese. Auch in Institutionen wie Kindergarten und Schule können sich kreative Leistungen nur dann entfalten, wenn die Ideen der Kinder und Jugendlichen die Zustimmung des jeweils zuständigen Personals finden. Das setzt ein gewisses Vertrauen der verantwortlichen Personen in die Leistungsbereitschaft der Kinder und eine bestimmte Risikobereitschaft voraus, da das Denken und die Ideen hochbegabter Kinder oft unkonventionelle Wege gehen. Beim Fehlen dieser Voraussetzungen kommen kreative Leistungen oft nicht zustande.

Hochbegabte Kinder suchen von früh auf aktiv die Umwelten, die zu ihnen und ihrer Begabung passen. Folgende zwei Begebenheiten um begabte Kinder sollen dies erläutern:

- Zwei Bekannte boten sich im Urlaub an, eine Mutter etwas zu entlasten und mit ihrem Dreijährigen spazieren zu gehen. Dieser sträubte sich jedoch. Die Mutter griff in die Trickkiste und münzte den Spaziergang in ein Eisessengehen um. „Damit willst du mich doch nur locken", meinte der Junge. Betretene Gesichter am Tische. Eine Tischnachbarin fragte: „Weißt du denn überhaupt, was das ist – locken?" Sie erhielt promt die Antwort: „Das ist wie bei Hänsel und Gretel. Da hat die Hexe auch die Kinder angelockt." Es ist nicht immer einfach, ein solches Kind angemessen zu behandeln.

- Maria erhielt in der Grundschule eine Realschulempfehlung. Sie wurde in die Realschule eingeschult, wo ihre

Pauline Ponstein (15 Jahre), „Enten auf dem Teich", Pastell
Erstellt im Kunstatelier des Kinder-College, Leitung Jana Witte

Leistungen jedoch immer schlechter wurden. Für ihr nicht akzeptables Verhalten erhielt sie unzählige Tadel. Der Mutter wurde nahegelegt, Maria in die Hauptschule wechseln zu lassen. Zu diesem Zeitpunkt besuchte Maria bereits das Kinder-College, wo es von demotivierenden Faktoren sachlicher und persönlicher Art in der Schule berichtete. Ein Intelligenztest ergab, dass Maria hochbegabt war.

Ihr Betreuer im Kinder-College schilderte Maria folgendermaßen: „Ich erlebe Maria in den unterschiedlichen Kursen als aufgeweckte, spontane, kreative Schülerin. Sie zeigt gewisse hyperaktive Verhaltensweisen, ist jedoch sofort einsichtig und kritikfähig, gerade selbstkritisch diese zu reflektieren, wenn sie in sachlichem und ruhigem Ton darauf angesprochen wird. Es gelingt Maria leicht, sich in die Kurse zu integrieren und sich sowohl durch ihre humorvolle, freundliche und charmante Persönlichkeit als auch durch ihren sachlichen Eifer, ihre Formulierungsgabe und ihr fachliches Wissen Anerkennung und Respekt zu verschaffen. In die Unterrichtsdiskussion bringt sie spontane, ideenreiche Bemerkungen ein, oft recherchiert sie angesprochene Themen im Internet oder in der Fachliteratur. Maria redigiert selbstständig die Kurszeitung und beweist dabei organisatorische und strukturelle Qualitäten. Sie zeigt sich politisch interessiert und ist stets hilfsbereit in organisatorischen Angelegenheiten."

Maria war in der Realschule sachlich unterfordert und in ihrer Persönlichkeit nicht verstanden. Aufgrund unserer Beobachtungen wurde Maria im Gymnasium auf Probe aufgenommen. Sie überstand die Probezeit mühelos und fühlte sich dort auch anschließend sehr wohl.

Diese Beispiele zeigen uns: Hochbegabte Kinder brauchen Vorbilder. Elternhaus, Kindergarten, Schule und andere Institutionen sollten kooperieren – denn Hochbegabte brauchen nichts dringender als verständnisvolle Partner.

Angemessene Förderung verbessert Wohlbefinden und Leistungen

In meiner 35-jährigen beruflichen Laufbahn habe ich immer wieder die Erfahrung gemacht, dass hoch- und höchstbegabte Kinder nur unter bestimmten Bedingungen besondere Leistungen erbringen können. Diese Beobachtung wird mittlerweile durch mehrere Studien bestätigt, wie etwa die von Vieluf et al. (2019), die aufzeigt, dass die angemessene Förderung hochbegabter Kinder und Jugendlicher eine Vervielfachung ihrer Leistung er-

Max Stein (9 Jahre), „Rotkehlchen im Winter", Aquarell im Sketchbook
Erstellt im Sketchbook-Kurs des Kinder-College, Leitung Verena Haupt-Just

möglicht. Leider werden jedoch viele Hochbegabte gar nicht erst erkannt und in vielen Fällen werden auch Fehldiagnosen – z.B. ADHS oder Autismus – gestellt. Meines Erachtens werden in unserem Erziehungs- und Bildungssystem die immer wieder zitierten emotionalen und sozialen Entwicklungsdefizite von Hochbegabten überbewertet, und im Gegenzug wird die brillante Kognition dieser Kinder, also ihre Fähigkeit, sehr viele Zusammenhänge zu erkennen und analytisch zu betrachten, unzureichend gewürdigt und regelrecht vernachlässigt. Das verhindert große und für unsere Gesellschaft dringend erforderliche Leistungen.

Für Kinder mit Höchstbegabung (hierzulande definiert als IQ ≥ 145) zeigen aktuellere Langzeitstudien zudem, dass diese Kinder von einer Verkürzung ihrer Schulzeit und einer interessengeleiteten Förderung erheblich profitieren können. So belegte eine 20-jährige Längsschnittstudie (Gross et al. 2016) aus Australien, dass radikale Akzeleration, definiert als Verkürzung der Schulzeit um mindestens drei Jahre, bei höchstbegabten Kindern auf lange Sicht deutliche Vorteile in allen untersuchten Bereichen, beruflich wie privat, gegenüber Nicht-Akzeleration oder einjähriger Akzeleration erbringt. Es zeigte sich bei den entsprechend geförderten Kindern eine hohe Leistungsfähigkeit in Verbindung mit Ausgeglichenheit und guten zwischenmenschlichen Beziehungen.

Die wichtigsten Erkenntnisse aus der Studie stellen sich wie folgt dar:

- Multipotentionalität bei höchstbegabten Kindern: Kinder mit allerhöchster Begabung sind in der Lage, in mehreren Bereichen auf extrem hohem Niveau erfolgreich zu sein.
- Notwendigkeit einer frühen Identifikation und Platzierung: Erfolgreiche Interventionen bei höchstbegabten Kindern sollten frühzeitig in der Grundschulzeit ansetzen.
- Soziale Auswirkungen von Akzeleration: Kinder, die um zwei oder mehr Jahre beschleunigt werden, fühlen sich oft besser platziert und akzeptiert als diejenigen, die nur um ein Jahr oder gar nicht beschleunigt werden.
- Einfluss von Lehrerpraktiken: Akzeleration und Spezialisierung werden oft von Lehrern beeinflusst, die bestimmte Talente als wichtiger erachten als andere, was zu suboptimalen Entscheidungen führen kann.
- Bedeutung der sozialen Integration: Die frühe Platzierung in Umgebungen mit ähnlich entwickelten Kindern fördert langfristige stabile Freundschaften und ein positives soziales Umfeld.
- Emotionale Auswirkungen von Unteranpassung: Kinder, die sich in ihren Klassen nicht akzeptiert fühlen, können ihre Leistungen bewusst mindern und Strategien wie Tarnung entwickeln, um sich anzupassen.

- Wertschätzung alternativer Leidenschaften: Hochbegabte Kinder sollten die Möglichkeit haben, ihre Interessen außerhalb des Schulsystems zu verfolgen, damit eine ganzheitliche Entwicklung gewährleistet wird.

Damit unterstreicht diese Studie die Bedeutung der frühzeitigen Berücksichtigung von hoch- und höchstbegabten Kindern in Bildungssystemen. Dies sollte durch die Bereitstellung individueller Programme zur Akzeleration und sozialen Integration geschehen, um eine optimale Entwicklung dieser Kinder zu fördern.

Unterstützung durch Elternhäuser und Gesellschaft gefragt

Bestätigt werden diese Studienergebnisse auch durch meine langjährige Arbeit im Kinder-College, die Arbeit mit jungen begabten Erwachsenen in meiner psychologischen und pädagogischen Fachpraxis und die vielen zustimmenden Zuschriften, die ich seit der Veröffentlichung meines Buchs *„Vom Schmerz der Hochbegabung. Mein Sohn, der anders war. Erzählt und theoretisch betrachtet"* (LIT Verlag Dr. W. Hopf Berlin 2016) erhalte. Kinder, die, wie auch durch Inklusion gefordert, jahrelang auf dem Niveau der Beschulung durchschnittlich begabter Kinder festgehalten werden, im besten Fall ein paar Zusatzaufgaben erhalten und bei einem Wettbewerb oder in einer Arbeitsgemeinschaft mitmachen dürfen, die permanent durch antiquierte pädagogische Grundsätze wie „erst die Pflicht und dann die Kür" unterfordert werden, brechen ihre Ausbildung oder das Studium häufig ab oder werden depressiv. Im günstigsten Fall ergreifen sie einen unspektakulären Beruf, der sie meist nicht glücklich macht.

Ergänzend möchte ich anmerken, dass neben den Bildungssyste-

Leijla Osmanovic (12 Jahre), „Der Rotaugen-Frosch", Aquarell im Sketchbook
Erstellt im Sketchbook-Kurs des Kinder-College, Leitung Verena Haupt-Just

men auch informierte und mutige Elternhäuser eine entscheidende Rolle spielen. Nur Eltern, die nicht aus Angst vor gesellschaftlicher Ausgrenzung und Neid ihre Kinder in die gesellschaftliche Bildungs- und Leistungsnorm zu pressen versuchen, können ihre begabten Kinder optimal fördern. Die Förderung im Elternhaus muss frühzeitig, vor Beginn der Schulzeit einsetzen. Auch sollten die Kinder schon in jungen Jahren Verantwortung übernehmen können. Die oft sehr sensiblen Kinder benötigen Wertschätzung und Akzeptanz, damit sich ihre Begabungen optimal entwickeln können.

Das Kinder-College setzt sich seit seinem Bestehen mit großem Erfolg für die Belange und Bedürfnisse von hochbegabten Kindern und Jugendlichen ein. Durch unsere Beratungs- und Förderarbeit haben wir für viele Jugendliche eine solide Basis für herausragende berufliche Karrieren geschaffen. Viele unserer Schüler sind zu beruflich außergewöhnlich begabten und engagierten Erwachsenen herangereift, die nun mit Freude und hoher Leistungsbereitschaft an innovativen Lösungen für die verschiedensten Probleme unserer Zeit arbeiten.

In unserer Öffentlichkeitsarbeit verweisen wir immer wieder auf notwendige Anpassungen im Bildungssystem. Mit den Ergebnissen unserer Fachtagung etwa, vorgestellt 2022 auf dem Petersberg, fordern wir von der Bildungspolitik Erleichterungen bei der Akzeleration, d.h. der Schulzeitverkürzung für alle Altersstufen in den Schulen sowie die Einführung geeigneter, interessenorientierter Fördermaßnahmen auf höchstem Lernniveau in Bildungseinrichtungen.

Ich wünsche mir von unserer Gesamtgesellschaft eine breite Lobby für diese jungen Menschen, die bei geeigneter Förderung und breiter Unterstützung in erheblichem Maße zur Lösung dringender gesellschaftlicher Herausforderungen beitragen können. Ebenso bedarf es einer größeren Anerkennung für neuartige, erfolgreiche Leistungen höchstbegabter Menschen allgemein und einer Reduktion von Ausführungsvorschriften in Bildung und Beruf, die das kreative Denken und Handeln dieser oft innovativ denkenden Menschen erschweren oder gar gänzlich verhindern. Auch ideologische Scheuklappen sind hinderlich, denn sie hemmen das differenzierte, erkenntnisorientierte Denken und letztendlich auch das gesellschaftliche Engagement von Hochbegabten.

Leider muss man feststellen, dass unter den heutigen Rahmenbedingungen die hohe Ausdauer, die hochbegabte Menschen in der Regel aufbringen müssen, bis ihre Erkenntnisse und Arbeiten allgemein anerkannt und angemessen honoriert werden, viel zu oft ins Leere läuft. Aktuell arbeitet ein hoher Prozentsatz unserer jungen, sehr begabten und qualifizierten Erwachsenen bereits im Ausland, was unserem Wirtschaftsstandort enormen Schaden zufügt.

Hochbegabte Kleinkinder – Faszination und Herausforderung

Während meiner 35-jährigen Arbeit mit hoch- und höchstbegabten Kindern und Jugendlichen ging für mich die größte Faszination von den kleinsten Menschenkindern aus, die mir ab dem dritten Lebensjahr begegneten. Bis heute bin ich immer wieder erfreut, wenn ich an einer exzellenten intellektuellen und sozialen Entwicklung meiner jüngsten Zöglinge bis hin zur Berufsausübung partizipieren darf.

Meine lange Erfahrung mit dem gesamten Spektrum der kindlichen Hochbegabung lässt eindeutige Aussagen zu. Die Förderung der Kinder und ein angemessener Umgang mit ihnen während der Kleinkindzeit ist von elementarer Bedeutung für den späteren Lebenserfolg und die Lebenszufriedenheit. Die Forschung stützt meine Einschätzung durch hirnbiologische Erkenntnisse, denen

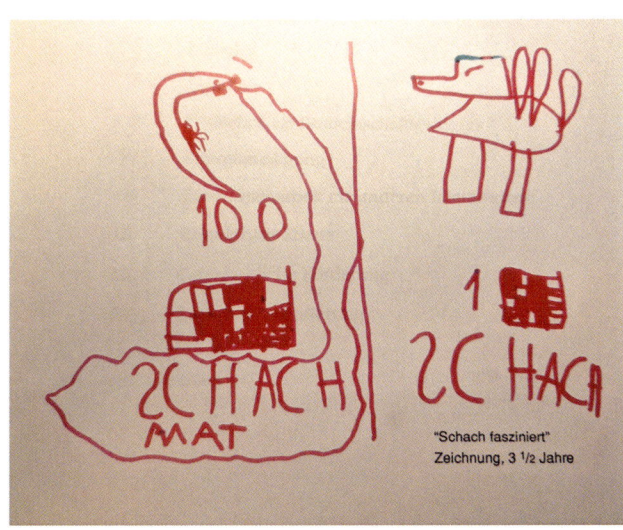

„Schach fasziniert",
Zeichnung,
3 ½ Jahre

zufolge der Mensch in keiner Lebensphase aufnahme- und lernbereiter ist als in der Vorschulzeit.

Um auch diesem wichtigen Aspekt der Begabtenförderung gerecht zu werden, möchte ich an dieser Stelle von meiner umfangreichen Arbeit mit Kindern im Vorschulalter und den wertvollen Erkenntnissen aus diesem Lebensabschnitt berichten. Zehn Jahre lang habe ich Lehrpläne für diese Kinder entwickelt und sie unterrichtet. Bis heute noch beeindrucken mich die Vierjährigen beim Screening oder die Fünfjährigen beim Intelligenztest, wenn sie mir ihre Kenntnisse auf vielen Gebieten demonstrieren, und sie gespannt, motiviert und hoch konzentriert mit mir arbeiten und kommunizieren. Meine Kenntnisse und Erkenntnisse gebe ich heute gerne an unsere Dozenten weiter.

Ein wichtiges Thema bei der Arbeit mit begabten Kleinkindern ist die Frage nach der zeitgerechten Einschulung, die notwendig ist, um den enormen kognitiven Entwicklungsvorsprung vor den normalbegabten Altersgenossen einigermaßen auszugleichen.

Oft zeigt sich die Schulreife von Kindern bereits im vierten Lebensjahr. Sie können lesen und rechnen und haben einen hohen

„Schablonen – Auto",
Zeichnung,
3 Jahre

Kenntnisstand auf ihren Interessensgebieten. An dieser Stelle stellt sich die Frage, inwieweit unsere heutige Bildungslandschaft hochbegabte Kinder stützt und fördert, damit ihr hohes Potential auch tatsächlich in intellektuelle Kompetenz umgemünzt werden kann. Berechtigt ist auch die Frage, inwieweit unsere Bildungseinrichtungen das andere Lernverhalten, die individuelle Persönlichkeitsstruktur und oft abweichende Lebensplanung dieser Kinder und Jugendlichen akzeptieren. Fördert unser Bildungssystem Begabungen, oder verkümmern diese noch immer? Gelingt es heute, 2024, den Elternhäusern und dem Bildungssystem, hoch- und höchstbegabten Kindern den Weg zu stabilen, zufriedenen Persönlichkeiten zu ebnen?

Positiver gesellschaftlicher Trend

Als ich 1989 mit meinem Engagement für hochbegabte Kleinkinder begann, wurde ich von vielen Vertretern unserer Gesellschaft als überdrehte Mutter, fragwürdige Psychologin und Pädagogin oder als elitäre, ehrgeizige Person beschimpft und häufig sozial ausgegrenzt. Heute stelle ich mit Erleichterung fest, dass sich die Einstellung der Gesellschaft gegenüber den Eltern und bekennenden Förderern hochbegabter Kinder positiv gewandelt hat. Aufklärung, politische Parteinahme und engagierte Arbeit haben die Einstellung gegenüber Hochbegabten und ihren Bedürfnissen positiv verändert.

Auch wenn wir immer noch von Besserwissern und sozial oder intellektuell fragwürdig agierenden Personen attackiert und behindert werden, stelle ich gesamtgesellschaftlich einen eindeutig ermutigenden Trend fest, der sich in Zukunft noch weiter fortsetzen dürfte.

So besuchen uns im Kinder-College immer wieder ganze Kindergartenbelegschaften aus ganz Rheinland-Pfalz, um sich bei uns fortzubilden. Ebenso suchen Erzieher und auch Lehrer häufig den telefonischen Austausch. Insgesamt ist festzustellen, dass immer mehr Menschen unterschiedlicher Fachbereiche dabei helfen, hochbegabte Kinder und Jugendliche durch Ihre Kindheit und Jugend zu begleiten. Viele zeitgerechte Einschulungen, auch Einschulungen in höhere Klassenstufen, und ein immer weiter steigendes Interesse von Erzieherinnen und Erziehern am Erkennen und Fördern hochbegabter Kinder sind zu verzeichnen. Auch bei jungen Eltern ist ein zunehmendes Bedürfnis nach Aufklärung und Hilfestellung in Verdachtsfällen bei ihren Kindern festzustellen. Besonders erfreut bin ich über den stark und beständig zunehmenden Anteil der sehr gut gebildeten Kinder und Jugendlichen in unserer begabten Klientel.

Es erfüllt mich mit Freude und Genugtuung, dass die jahrelange intensive Förderarbeit nun ganz offensichtlich Früchte trägt. Heutige begabte Kleinkinder haben deutlich bessere Startbedingungen als es zu Beginn meiner Tätigkeit in der Begabtenförderung der Fall war. Diese begrüßenswerte Entwicklung im Zeitraum der letzten drei Jahrzehnte zeigt mir, dass ich 1989 auf ein erfolgbringendes Engagement gesetzt habe.

Umgangshaltungen und Fördervorschläge im Kleinkindalter

Im Kinder-College nimmt die Frühförderung begabter Kleinkinder einen wichtigen Stellenwert ein. Im Folgenden möchte ich auf die in unserer Einrichtung praktizierten Umgangshaltungen eingehen, die meines Erachtens für eine optimale Förderung von begabten

Spontane freie Zeichnung, 3 Jahre

Drei- bis Siebenjährigen grundlegend und notwendig sind, und einige unserer Förderangebote skizzieren. Dieser Abschnitt soll Eltern und Erziehern Anregungen für eine angemessene und sinnvolle Beschäftigung mit begabten jungen Kindern geben.

Zunächst möchte ich kurz auf die Zusammensetzung unserer Kindergruppen im Kinder-College eingehen. Sie sind altersmäßig heterogen und durch die Individualität der Kinder geprägt. Die Vielfalt der Begabungen und Denkweisen treten sehr schnell zu Tage. Eine hohe Leseleistung oder Expertise in unterschiedlichen Sachgebieten werden ebenso in die Gruppe eingebracht wie herausragendes rechnerisches Denken, Ideenreichtum und große Neugierde. Die Kinder benötigen nur wenig Anleitung, sind ausdauernd, hoch motiviert, interessiert, und kommunizieren oft gerne. Eltern berichten, dass die Kinder durch den Besuch des Kinder-College ausgeglichener sind und ihren Interessen häufiger nachgehen.

Kreativität ist bei vielen Kindern schon sehr früh zu erkennen. Originelle Ideen und Lösungsvorschläge, das Erstellen neuer Spielregeln, Sprachschöpfungen und die eigenständige Nutzung von Materialien in anderer Funktion als vorgesehen sind nur einige Indizien einer kreativen Veranlagung. Im Kinder-College sind kreative Handlungen sehr willkommen. Die Kinder werden dazu ermutigt und erhalten viel Zustimmung für gute Einfälle.

Für die Vorschularbeit mit hoch- und höchstbegabten Kleinkindern ergeben sich somit grundsätzlich zwei Aufgaben:

- Die Bereitstellung und Vermittlung eines breiten Lernangebots, das den Neigungen und dem intellektuellen Entwicklungsstand der Kinder entspricht
- Die Schaffung eines Umfeldes, das dem Kommunikationsbedürfnis begabter Kinder gerecht wird und in dem sich Kreativität, Phantasie und Denken frei entwickeln können

Die Frühförderung des Kinder-College ist nach diesen Prinzipien konzipiert. Für Vier- bis Siebenjährige bieten wir in kleinen Gruppen, kindgerecht aufbereitet, Kurse aus einem breiten Themenspektrum an. Dazu gehören:

- Kunst und Kreatives: Kunstatelier, Kreativwerkstatt, Theater, Tausendsassa-Kurs
- Bewegung: Tanz, Yoga für Kinder
- Sprache und Fremdsprachen: ABC-Entdecker, Kleine Schriftsteller, Englisch, Französisch
- Mathematik
- Naturwissenschaften: Kinderlabor, Experimentier-Füchse, Abenteuer Natur, Kluge Tiere, Chemie
- Weitere Kurse: Völkerkunde, Fossilien und Geologie, Kleine Mediziner, Ernährung

**Themenarbeit und Freispiel –
zwei wichtige Säulen der Kleinkindförderung**

Die *Themenarbeit* nimmt bei der Förderung begabter Kleinkinder einen wichtigen Stellenwert ein, denn sie bietet eine ausgezeichnete Möglichkeit, um ausgewählte Themen unter unterschiedlichen Aspekten zu beleuchten. Da begabte Kinder stets danach streben, die gesamte Bandbreite eines Themas zu ergründen, ist der ganzheitliche Blick auf den behandelten Stoff bei der Förderarbeit immer sinnvoll und lohnend.

Anhand des Themas „Die Spinne" soll nun umrissen werden, wie Themenarbeit – in diesem Fall naturnah und ohne digitale Hilfsmittel – aufgebaut und angeboten werden kann.

Die Kinder versammeln sich, um mit ihren Dozenten ein Spinnennetz mit Spinne im Freien zu beobachten. Sie sehen die Struktur des Netzes, den Sitz der Spinne und können im günstigen Fall be-

„Buchstabenmann",
4 Jahre

obachten, wie die Spinne Beute macht. Fragen und Beobachtungen der Kinder werden aufgegriffen. Die Dozenten motivieren das Interesse und die Neugierde am Wissen um die Entstehung eines Spinnennetzes.

Im Gruppenraum wird anhand von Fotos gezeigt, wie die Spinne ihr Netz baut. Die Kinder stellen mit Hilfe der Dozenten ein großes Netz aus Schnüren her. Das Netz wird in einer Ecke des Raumes platziert. Nun können die Kinder eine Spinne basteln. Geeignete Materialien wie Styroporkugeln, Pfeifenstopfer, Farbe, Pinsel und Stifte liegen bereit.

Thematisiert wird der Körperbau der Spinne, die Anzahl der Beine und die Zeichnung der Spinne (z.B. Kreuz). Nachdem die Kinder ihre Spinnen hergestellt haben, brauchen sie einen Freiraum zum Spielen mit ihren Tieren. Manche Kinder hängen die Spinne ins Netz, andere erfinden Rollenspiele oder füttern ihre Tiere mit „Papierfliegen". Nach einiger Zeit kommen die Kinder an der Tafel zusammen, wo anhand von Zeichnungen das gesammelte Wissen zusammengestellt wird.

Kinder, die mehr wissen wollen, können eine Vogelspinne besichtigen oder hören etwas über die giftigste Spinne der Welt. Artenvielfalt, Herkunft von Spinnen, die Beute der Tiere und Mythologisches zur Spinne sind unerschöpfliche Themen. Anschauliche Sachbücher und Fotos liegen bereit.

Wer noch ein Spinnennetz konstruieren möchte, kann sich mit Alleskleber und Wasserfarben ans Werk machen oder den Bleistift nutzen. Eine Geschichte zum Thema Spinne wird angeboten.

Freispiel ist ein weiterer wichtiger Baustein der Kleinkindförderung. Bei der Förderarbeit mit begabten Kleinkindern sind einige

„Musikalische Reise", Freispiel, 4 Jahre

Besonderheiten zu beachten, auf die ich im Folgenden kurz hinweisen möchte:

Hochbegabte Kinder haben eine stärkere Präferenz, alleine zu spielen. Hochbegabte Jungen lehnen physische Auseinandersetzungen ab und spielen häufig lieber mit Mädchen. Hochbegabte Mädchen mit typisch männlichen Interessen (Schach, Raumfahrt, Denksportaufgaben) werden oft von nicht-hochbegabten Jungen akzeptiert, was für sie eine Beeinträchtigung bedeutet. Hochbegabte Kinder spielen mit großer Ausdauer. Ihre Konstruktionen, Pläne und Bauten, Zeichnungen und Schriften zeugen von Perfektionismus, hoher Anstrengung und kognitiver Kreativität.

Diese Faktoren sind beim Freispiel zu berücksichtigen. So benötigen die einzelnen Kinder oft größere Freiräume und längere Spiel- und Beschäftigungsphasen, bei denen sie nicht gestört werden sollten. Auch der starke Eigenwille, der bei hochbegabten Jungen stärker zum Ausdruck kommt als bei Mädchen, und die hohe

Selbststeuerung der Kinder können und sollten beim Freispiel und der freien Betätigung optimal berücksichtigt werden.

Im Kinder-College wird durch ein ausgeklügeltes Pausenprogramm dem Freispiel Rechnung getragen. Unser Pausenprogramm umfasst neben Angeboten zum Malen, Rätseln, Origami, Basteln und Werken auch eine umfassend ausgestattete Leseecke mit vielfältiger Lektüre und Denkspielen. Denkspiele wie Lege- und Kombinationsspiele sind für begabte Kinder in der Regel eine willkommene Herausforderung. Beim beharrlichen Ausprobieren können sie wertvolle Erfahrungen sammeln und beim Vorausdenken – „wenn … dann" – zu neuen Erkenntnissen gelangen. Bei der Auswahl der Spiele wird darauf geachtet, dass sie einfachen Regeln folgen, nach Schwierigkeitsstufen variierbar sind und sowohl einzeln als auch zu zweit gespielt werden können.

Zeitungsbericht über den „Kinderclub", den Helga Thieroff als ein Angebot der DGhK (Deutsche Gesellschaft für das hochbegabte Kind) in Berlin ins Leben gerufen hat.

Kinderseiten

Es war mir schon immer eine besondere Freude, begabten jungen Menschen beim selbstversunkenen Spielen, Malen, Basteln und Experimentieren zuzuschauen. In unseren Kursen im Kinder-College erfreue ich mich immer wieder an ihrer interessierten und konzentrierten Arbeitshaltung und den vor Intelligenz und Wissensdrang sprühenden Augen, die die eifrigen Gesichter hell erstrahlen lassen.

Auf den nachfolgenden Seiten finden Sie eine Bildergalerie mit Porträts von Kindern, die wir aktuell im Kinder-College betreuen. Überzeugen Sie sich selbst von der Ausdruckskraft dieser jungen Gesichter!

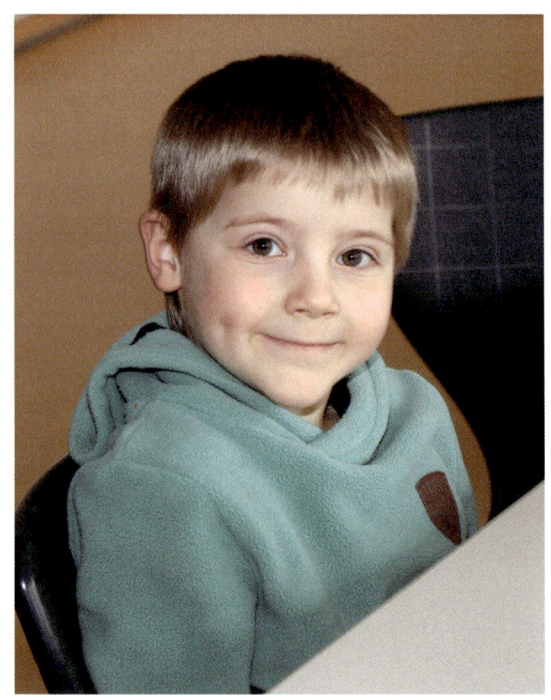

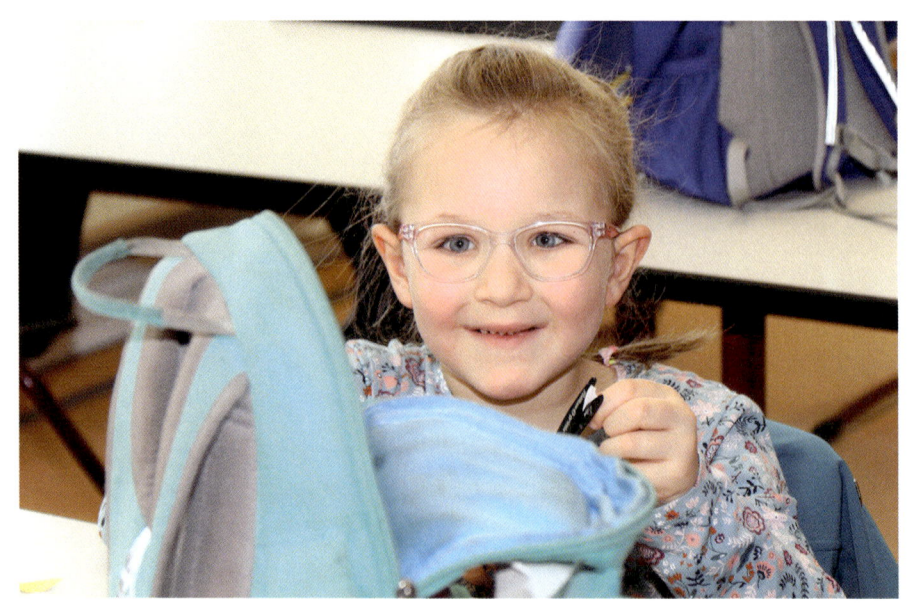

Löten

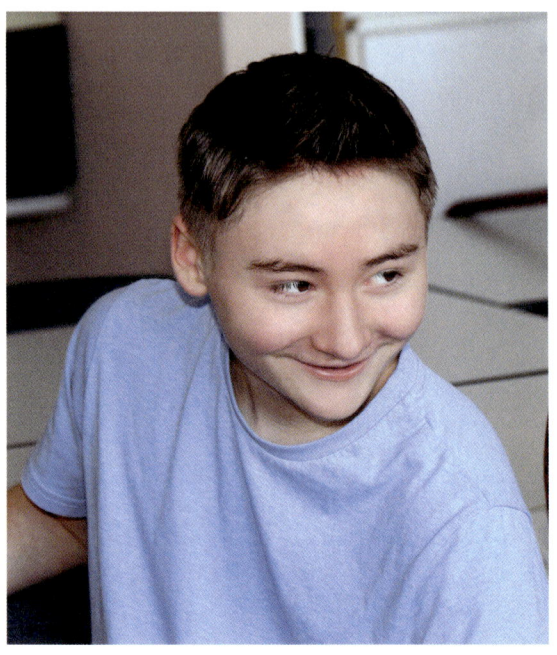

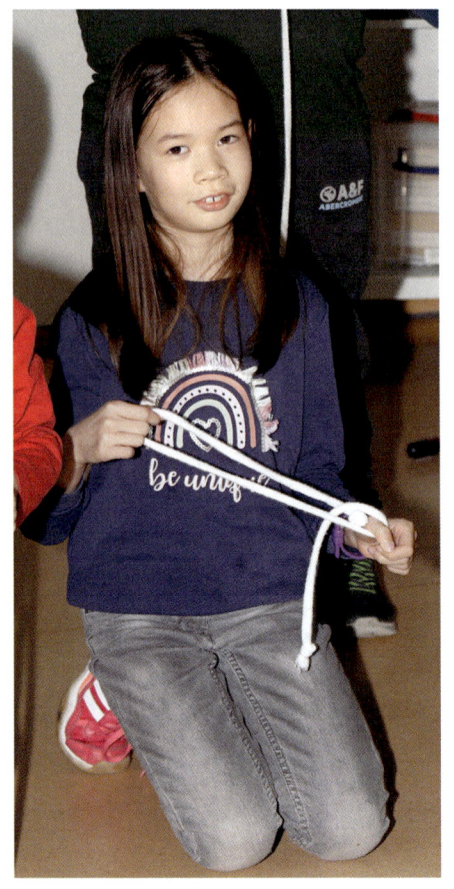

Danksagung und Schlusswort

Auf den Seiten dieses Buches, das anlässlich meines 35. Berufsjubiläums entstanden ist, habe ich meine wichtigsten Erkenntnisse zum Umgang mit hochbegabten Kindern zusammengefasst. Sie sind die Quintessenz meines Arbeitslebens und mein Vermächtnis an die Nachwelt. Meinen Mitstreitern, Kollegen und Nachfolgern mögen sie als Wissensschatz und Inspiration dienen.

Ich danke allen Wegbegleitern und Unterstützern, seien es Privatpersonen, Würdenträger, Institutionen, Stiftungen und Wirtschaftsunternehmen, die mir mein Engagement in der Begabtenförderung als Herzensangelegenheit ermöglicht haben. Mein besonderer Dank geht hierbei an das Land Rheinland-Pfalz, das unsere Arbeit seit über 20 Jahren mit einer jährlichen Zuwendung unterstützt.

Die Idee von einer intellektuellen und emotionalen Heimstätte für hochbegabte junge Menschen, einst der eigenen Betroffenheit entsprungen, ist in der Verkörperung des Kinder-College zu einer erfolgreichen Unternehmung herangewachsen, die mich auch auf der persönlichen Ebene zutiefst erfüllt. Zusammen mit meinen langjährigen Mitstreitern im Kinder-College, denen ich auf diesem Wege meine Dankbarkeit und kollegiale wie auch persönliche Wertschätzung aussprechen möchte, ist es mir gelungen, die gesellschaftliche Wahrnehmung der kindlichen Hochbegabung entscheidend mitzubeeinflussen und viele Verbesserungen für unsere Kinder zu erwirken. Ohne das große Engagement meiner vielen kompetenten und sehr versierten Mitarbeiter wäre mir das mit Sicherheit nicht in diesem Umfang gelungen.

Mit großer Dankbarkeit für die Möglichkeit des Engagements, die mir gegeben war und noch ist, schaue ich den Aufgaben und Herausforderungen der kommenden Zeit mit Zuversicht entgegen. Trotz meines mittlerweile fortgeschrittenen Alters möchte ich noch eine Weile für unsere Kinder da sein und sie auch in den kommenden Jahren mit Klarsicht, Intuition, Zielstrebigkeit und Beharrlichkeit begleiten. Begabte junge Menschen haben es verdient, mit maximalem Einsatz beschützt und unterstützt zu werden. Ich verstehe es als Berufung und Mission, dafür einzustehen.